ちくらく、かわいい
刺し子の
花ふきんと
小もの

監修 吉田久美子

モダンでキュートな伝統柄 32

CHAPTER I 四角から展開する模様

- 4 十字つなぎ
- 5 算崩し文
- 6 組子文
- 7 篭目
- 8 重ね枡つなぎ
- 9 変わり角七宝
- 10 杉綾
- 11 花菱形
- 12 井桁に剣形角つなぎ
- 13 独鈷杵つなぎ
- 14 卍つなぎ四角文
- 15 菱卍
- 16 三重菱つなぎ
- 17 麻の葉
- 18 八手麻の葉
- 19 八角寄せ
- 20 薔薇模様つなぎ
- 21 角花刺し

CHAPTER II 三角から展開する模様

- 22 変わり麻の葉
- 23 雪形亀甲
- 24 毘沙門亀甲
- 25 連線網代
- 25 松皮菱

CHAPTER III 丸から展開する模様

- 26 重ね網文
- 27 変わり鳥襷文
- 28 分銅つなぎ
- 29 丸七宝つなぎ

CHAPTER IV 一目刺しの模様

- 30 十字花刺し
- 32 柿の花
- 33 亀甲花刺し
- 34 方眼
- 35 一目篭目

- 36 BASICS 刺し子の基礎
- 41 模様の描き方と刺し方のポイント
- 50 ふきんを刺すときの注意・仕立て方
- 51 実物大図案

＊この本に関するご質問はお電話またはメールで
書名／刺し子の花ふきんと小もの
本のコード／NV70307
担当／谷山亜紀子
Tel.／03-3383-0637（平日13：00〜17：00受付）
Webサイト／「手づくりタウン」
https://www.tezukuritown.com
＊サイト内"お問い合わせ"からお入りください（終日受付）。

本誌に掲載の作品を、複製して販売（店頭、ネットオークション等）することは禁止されています。
手づくりを楽しむためにのみご利用ください。

CHAPTER 1

四角から展開する模様

方眼紙を使って描き起こすパターンは製図がしやすく、多様性に富んでいます。
縦横の直線が多い図案は布が落ち着きやすいので、初心者にもおすすめです。

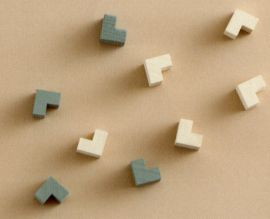

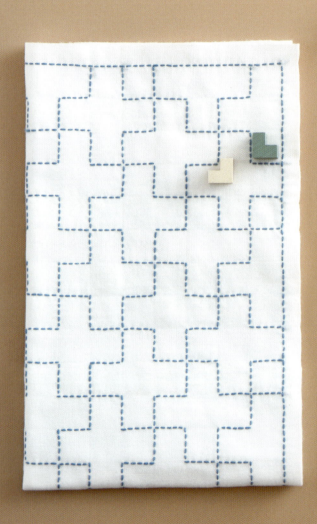

十字つなぎ（じゅうじ）

十字をぎっしりと並べたような十字つなぎは
一方向ずつ、階段状に刺していきます。
シンプルでわかりやすく、短い直線の連続が
刺しやすいので、入門編にぴったり。

製作／黒澤文子　模様の描き方／p.41　実物大図案／p.51

算〜崩し文

算木崩しの略で、漢字の「三」を並べたようにも
見えることから「三崩し」とも書きます。
縦横の直線だけで構成された柄なので、
糸がつれないように気をつけて針を進めましょう。

製作／生越廣子　模様の描き方／p.41　実物大図案／p.52

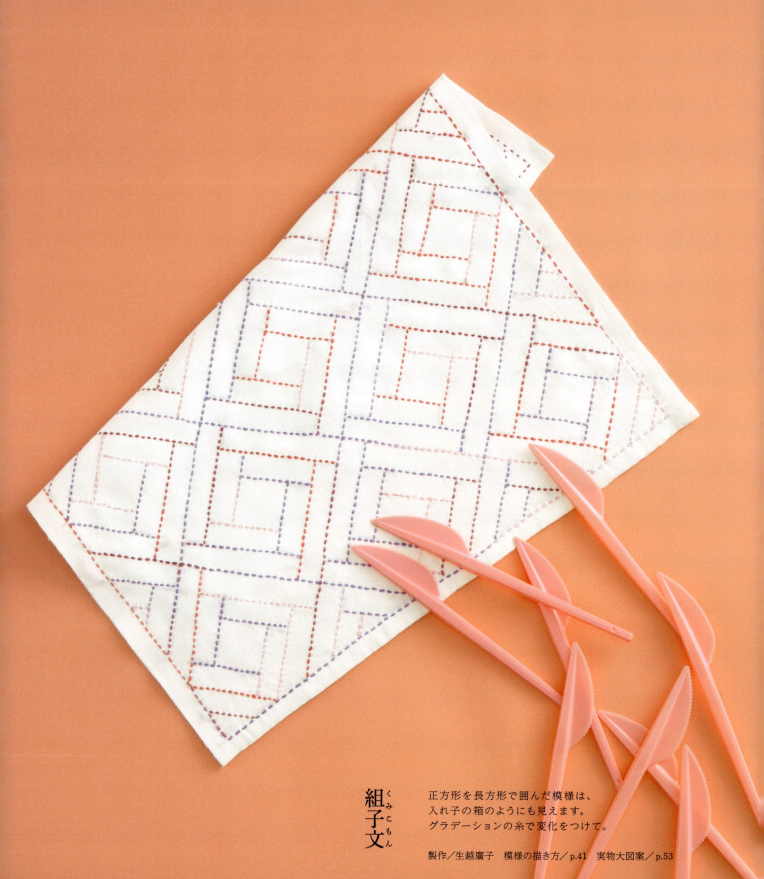

組子文(くみこもん)

正方形を長方形で囲んだ模様は、入れ子の箱のようにも見えます。グラデーションの糸で変化をつけて。

製作／生越廣子　模様の描き方／p.41　実物大図案／p.53

籠目(かごめ) 竹で編んだ籠のように、縦線と斜線を交差させて刺します。
シンプルでニュートラルな柄なので、
色を変えて楽しんでみて。

製作／星野ゆき子　模様の描き方／p.41　実物大図案／p.54

重ね枡つなぎ

四角い枡を重ねて「ますます」と、縁起を担ぐ模様です。
枡の色を変えてカラフルに。

製作／関戸裕美　模様の描き方／p.42　実物大図案／p.55

変わり角七宝
(かくしっぽう)

丸を重ねて描く七宝模様のラインを直線にした「角七宝」を空間をあけて刺します。
花びらを散らしたようなかわいさのある模様です。

製作／鎌田京子　模様の描き方／p.42　実物大図案／p.56

杉綾(すぎあや)

杉の葉を表現した模様は、シンプルで力強い。
縦と斜めのラインの色を変えてアクセントに。

製作／黒澤文子　模様の描き方／p.42　実物大図案／p.57

花菱形 (はなひしがた)

菱形の交点に小さな花をあしらって。
藍地に白の伝統的な配色も、ちょっぴり黄色を足すことで
ぐっと愛らしい印象に変わります。

製作／日吉房枝　模様の描き方／p.42　実物大図案／p.58

井桁(いげた)に剣形(けんがた)角(かく)つなぎ

小さな四角を井桁に並べた中に、剣の形が隠れています。
無骨さのある柄ですが、
明るい色の糸で華やかさをプラスして。

製作／小林節子　模様の描き方／p.43　実物大図案／p.59

矢印をつなげたような模様が「独鈷杵」ですが、
視点を変えると模様の間のクロスが見えてきます。

独鈷杵つなぎ
(とこしょ)

仏具の一種をデザイン化した模様は、
いかめしい名前に似合わないかわいらしさ。
長方形の布をたたんで縫うだけのあずま袋は、
刺し子もしやすくおすすめです。

製作/吉田久美子　模様の描き方/p.43　実物大図案/p.60

卍（まんじ）つなぎ四角文（しかくもん）

卍という字と四角を組み合わせた模様。
リネンクロスに刺してカジュアルに。

製作／松原和子　模様の描き方／p.43　実物大図案／p.61

菱卍
(ひしまんじ)

菱形のまわりを小さな長方形で囲むと、
交点が卍のようになります。
シンプルですが、変化のある模様です。

製作／石突七恵　模様の描き方／p.43　実物大図案／p.62

三重菱つなぎ（さんじゅうひし つなぎ）

小さな菱形を大きな菱形で囲みます。
花のようにも見えて、意外にも華やか。

製作／平野久代　模様の描き方／p.44　実物大図案／p.63

麻(あさ)の葉(は)

生育の早さになぞらえて子どもの健やかな成長を願う刺し子の代表的な模様。
交点を1目出すことで、また違った印象になります。

製作／日吉房枝　模様の描き方／p.44　実物大図案／p.64

八手麻の葉 (やつであさのは)

バリエーションの多い麻の葉模様ですが、
これは基本の六角形ではなく、
四角形がベースになった変わり種。
葉っぱの先端が八つに分かれています。

製作／石井礼子　模様の描き方／p.44　実物大図案／p.65

八角寄せ
はっかくよせ

たくさんのラインが、八角形を描きながら交わっています。
万華鏡を覗いたときのような楽しさのある模様です。

製作／元吉多見　模様の描き方／p.44　実物大図案／p.66

薔(ば)薇(ら)模(も)様(よう)つなぎ

シンプルなラインを組み合わせて、バラを描きます。
段染めの糸を使ってニュアンスを加えて。

製作／左氏志津代　模様の描き方／p.45　実物大図案／p.67

角花刺し
<small>(かくはなざし)</small>

四角の中に花をあしらって。
なでしこのような小花が可憐です。

製作／平野久代　模様の描き方／p.45　実物大図案／p.68

CHAPTER II 三角から展開する模様

正三角形をベースにすると、六角形の模様も描くことができます。
斜線が基本になるので、布を伸ばさないよう気をつけて刺しましょう。

変わり麻(あさ)の葉(は)

麻の葉のラインを少し変えただけで、
がらりとイメージが変わります。
端正な中にも愛らしさのある模様です。

製作／池上トモ　模様の描き方／p.45　実物大図案／p.69

雪形亀甲（ゆきがたきっこう）

六角形の模様を「亀甲」と呼び、
長寿を祈って縁起を担ぎます。
少しアレンジして雪の結晶のように。

製作／陶 久子　模様の描き方／p.45　実物大図案／p.70

毘沙門亀甲
(びしゃもんきっこう)

毘沙門天の鎧に使われた模様をかたどった勇ましい名前ですが、どこかユーモラスで愛嬌の感じられる柄です。
テトラポットのようにも、Yの字のようにも見えます。

製作／中﨑ちよ子　模様の描き方／p.46　実物大図案／p.71

連線網代
(れんせんあじろ)

太いテープを網代に組んだような模様は風車のようにも見えます。

製作／真田きぬ　模様の描き方／p.46　実物大図案／p.72

松皮菱
(まつかわびし)

松の皮を模した柄を、リネンにネイビーの糸で刺してモダンに。

製作／近藤胡子　模様の描き方／p.46　実物大図案／p.73

丸から展開する模様

CHAPTER III

円形を基本にした模様は、やわらかい表情になります。
型紙を上手に使って、きれいな弧を描きましょう。

重ね網文（かさねあみもん）

漁に使う網を美しい模様に。
ラインを少しずらして重ねています。

製作／鎌田京子　模様の描き方／p.46　実物大図案／p.74

変わり鳥襷文
(かわりとりだすきもん)

鳥のような模様を襷状に並べた
鳥襷文をアレンジしています。
花が舞っているようにも見える、動きのある柄です。

製作／浮田友子　模様の描き方／p.47　実物大図案／p.75

分銅(ふんどう)つなぎ

重さを量る道具だった分銅を並べた模様は、
代表的な刺し子図案「七宝つなぎ」の一部のラインを刺します。
シンプルで刺しやすいパターンです。

製作／草場良枝　模様の描き方／p.47　実物大図案／p.76

丸
まる
七
しっ
宝
ぽう
つなぎ

無限に連なる円を重ねて七種の宝物を表す七宝文様に、
小さな丸をプラスして。
花のようにも見える、かわいい模様になりました。

製作／池上トモ　模様の描き方／p.47　実物大図案／p.77

CHAPTER IV 一目刺しの模様

「一目刺し」は、針目を一定の長さに揃えて
模様の一辺を決まった針目で刺します。
細かい模様をびっしりと刺すので、しっかりと地厚になり
裏側に出てくる模様も、また魅力的です。

十字花刺し（じゅうじはなざし）

布一面に刺した十字を、
斜めにつなぐように模様を作ります。
華やかさと愛らしさを兼ね備えた柄です。

製作／近藤胡子　模様の描き方／p.47　実物大図案／p.78

裏側には全然違う模様が浮かび上がります。

柿(かき)の花(はな)

階段状の模様ですが、刺すときは一方向の直線を端から端まで刺します。
もう一方向を刺すことで模様が完成していく様は、ちょっと感動的です。

製作／関戸裕美　模様の描き方／p.48　実物大図案／p.78

亀甲花刺し
きっこうはなざ

大きな針目と小さな針目を組み合わせて縦横に刺し、
大きな針目に糸をくぐらせることで亀甲柄を作ります。
とても緻密な柄なので、
小さな作品にするのがおすすめです。

製作／吉田久美子　模様の描き方／p.48　実物大図案／p.79

方眼
ほうがん

縦横に刺した方眼に、小さな針目を添えます。
色を変えることでより一層のかわいさに。
規則的な一目刺しには、
新しいテキスタイルを生み出す喜びを感じます。

製作／吉田久美子　模様の描き方／p.48　実物大図案／p.78

一目籠目
ひとめかごめ

7ページの「籠目」を一目刺しにしたら、全然違う印象に。
からし色のさらしと茶色の糸を組み合わせたら、
蜂の巣のように見えてきました。

製作／吉田久美子　模様の描き方／p.48　実物大図案／p.79

刺し子の基礎 BASICS

用意するもの

とりあえずは、布と糸と針があれば作れます。その他は必要に応じて用意しましょう。

|布|

刺し子のふきんにはさらし(A)を使うのが一般的で、2枚重ねで使います。1反(約10m)で1000円前後と値段も手ごろ。ふきん1枚分にカットされた商品やきれいな色のさらし(B)も販売されています(オリンパス製絲)。さらし以外では、針通りのよい、あまり厚くない平織の布が向いています。吸水性のよいリネン(C)やコットンもおすすめ。厚手の布は刺しにくく、あまり薄手でも布がつれやすいので注意します。布がやわらかすぎると刺しにくいので、適度に張りのある布がよいでしょう。

|糸|D

この本では、刺し子用の甘撚りの木綿糸「オリンパス刺し子糸」と「ホビーラホビーレ刺し子糸」を使っています。細い糸を使う場合は、何本か取り合わせて使っても。

|針|E

針穴が大きく、針先のとがった刺し子用の針が使いやすいでしょう。長さや太さがいろいろあるので、布の厚みによって使い分けます。針によって刺しやすさが全然違うので、お好みの針を見つけてください。布をとめておくまち針も用意します。

|スレダー(糸通し)|F

糸が太いので、針穴に通すのにあると便利です。

|指ぬき|G

針の頭を当てて運針を助けます。なくても構いませんが、使ったほうが針目が揃ってきれいに刺せます。

|はさみ|

頻繁に糸を切るので、にぎりばさみ(H)が使いやすいです。自分で布をカットする場合は、裁ちばさみ(I)も用意しましょう。

|図案を描くための用具|

チャコペン(J)やヘラ(K)と定規(L)で布に直接製図をするのがいちばんラクです。定規は、布よりも長いものが使いやすいでしょう。水で消えるタイプと自然に消えるタイプのチャコペンが両方あると便利。定規は方眼のマス目が入っているものがおすすめです。円を元にした図案には、サークルプレート(円定規/M)があるととても便利。自分で型紙を作ってもよいでしょう。サークルプレートには角度線が入っているので、製図のときも便利です。
図案を写す場合は、水で消えるチャコピー(手芸用複写紙/N)とトレーサー(O)、トレーシングペーパーとセロファンを使います。

用具/クロバー

布に図案を描く

きれいに仕上げるためのいちばんのコツは、まずは図案を正確に描いておくこと。

布に直接チャコペンで製図する
案内線と図案線を引くので、自然に消えるチャコペンと水で消えるチャコペンを使い分けると便利です。

1　ふきんの準備をし（P.50参照）、二つ折りにして両端に折り目をつけます。

2　もう一方向にも二つ折りにして両端に折り目をつけ、布の中央を決めます。

3　中央から長さを測り、布に直接図案を描いていきます。始めに水で消えるチャコペンでまわりの枠を描きます。

4　自然に消えるチャコペンを使い、案内線を引くための印をつけます。

5　自然に消えるチャコペンで案内線を引きます。（水で消えるチャコペンを使う場合は、ごく薄く引きましょう。）

6　水で消えるチャコペンで刺し子図案を描きます。曲線の図案は、サークルプレートや厚紙で作った型紙を使ってカーブを描きましょう。

案内線をヘラで引く方法
2枚の布が密着してずれにくくなるので刺しやすく、案内線も残らないので仕上がりがきれいです。

布を重ねて図案を写す方法
色の薄い布は図案が透けて見えるので、そのまま写し取ることができます。

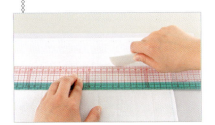

5　上の4までと同様に案内線を引くための印をつけ、ヘラを使って案内線を引きます。下にボール紙などの厚紙やカッティングマットを敷き、力を入れて引くとラインがはっきり出ます。

6　ヘラでつけた案内線を元にして、水で消えるチャコペンで図案を描きます。

図案の上に布を乗せて中心を合わせ、まち針で固定して図案を水で消えるチャコペンでなぞります。（さらしの場合は2枚の間にはさむ。）模様の交点に印をつけ、定規を使って描くとよいでしょう。

チャコペーパーで実物大図案を写す

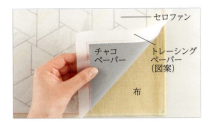

1　トレーシングペーパーに写した（またはコピーした）図案と布の中央同士を合わせてまち針でとめ、間にチャコペーパーを裏向き（チャコ面が下）にはさんで図案の上にセロファンを重ねます。

2　セロファンの上から、トレーサーで図案をしっかりなぞって写します。（セロファンはトレーサーの滑りをよくし、図案を保護するために使用。包装用のものでOK）

3　きちんと図案が写せているか、確認してからはずします。

糸の準備をする

刺し子糸はカセになっているので、カセをほどいて使います。

カセ糸の使い方
（使いやすい長さにカットしておく方法）

糸つぎが面倒だからと長い糸で刺すと、刺しているうちにもつれたり糸が毛羽立って汚くなるので、こまめにつぎ足しながら刺しましょう。「下手の長糸」という言葉もあります。

1　ラベルをはずします。

2　カセをほどき、2ヵ所を別糸やリボンなどで結びます。

3　輪の片側をカットします。

4　切った反対側の輪の部分から1本ずつ引き抜いて使います。

糸を無駄なく使う方法

1　ラベルをはずし、カセをほどいて厚紙や糸巻きに巻き取ります。糸が絡まないように慎重に。カセに両手を入れて2人で作業するとラクです。

2　巻き終わり。切込みを入れて糸端をとめておきます。

3　図案に糸を沿わせて長さを測り、10cmくらいの余裕を持たせてカットします。（最長でも図案の長さの2倍＋10cmに）

＊特に一目刺しの場合は始めと終わりを布端で玉どめにしたいため、この方法だと無駄なく使えます。

糸の通し方

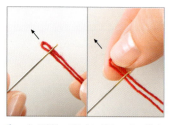

1　糸が割れて針穴に通しにくい場合は、糸端を針穴の方に当てて二つに折ってつぶし、折り山を針穴に押し入れて通します。

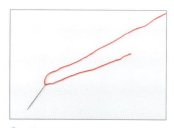

2　通ったら、10～15cmくらいのところで糸を折り返します。

スレダーを使う方法

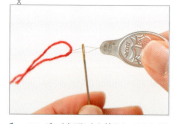

1　スレダー（糸通し）を使うと、ラクに通せるのでおすすめです。針穴にスレダーを通し、スレダーに糸を通します。

2　スレダーを引き、糸を針穴に通します。

指ぬきの使い方

きき手の中指の第一関節と第二関節の間にはめ、指ぬきの穴に針の頭を固定して、親指と人さし指で針を動かします。

玉結び

1　針先に糸端を1～2回巻きつけます。

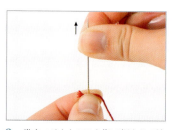

2　巻きつけたところを指で押さえて針を抜きます。

3　玉結びができました。

刺し方の基本

あまり難しく考えず自由にちくちく刺して構いませんが、表側の針目を裏側よりもやや大きくし、針目の大きさを揃えて刺すときれいに仕上がります。まずは、刺しやすい針を選び、針を持つことに慣れることが大切です。

運針の仕方
右手で針と布をはさむように持ち、左手で布を張り、布を上下に動かしてリズムよく刺します。

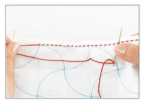

1 刺し始めの2～3針を縫ったら、針の頭を指ぬきにしっかりと当て、親指と人さし指で布をはさむように針先を持ちます。左手で布を上下に動かし、針は表裏へなるべく直角に出すようにして、針目を揃えてまっすぐに縫います。

2 10～15cm先の、左手の親指の際まで縫ったら、針を抜かずに針先を左手の親指先で持って、右手の親指と人さし指で一息にきゅっと強くしごき、糸こきをします。

3 針を抜いて針を始めに刺した針目に入れて糸を引き、左手で布をしごいて、縫い目の小じわをよく伸ばします。この糸こきが足りないと、縫い目が縮んでしまいます。

4 布目に対して縦横のラインは丁寧に糸こきをし、斜めや曲線の場合は布地を伸ばさないように力を抜いて糸こきをします。

刺し始めと刺し終わりの始末
さらしを使って端から刺す場合や一目刺しの場合は、玉結び・玉どめで始末をするのが最も簡単です。

刺し始め｜玉結び

1 糸端を玉結びし（P.38参照）、2枚のさらしの間から表に針を出します。

2 玉結びを2枚のさらしの間に引き入れます。

刺し終わり｜玉どめ

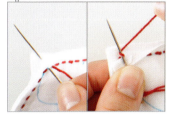
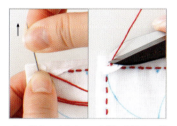

3 2枚のさらしの間に針を出して抜き、刺し終わりに針を添えて糸を1～2回巻きつけます。

4 巻きつけたところを指で押さえて針を抜き、糸を切ります。玉どめがさらしの間に隠れます。

玉結びができない場合｜さらしの内側にあるラインを刺す

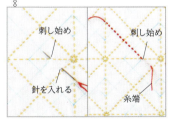
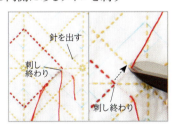
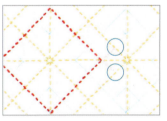

1 玉結びをせず、刺し始めの1cmくらい手前から針を入れます。2枚の布の間をくぐらせて表に出し、糸端が抜けない程度に残して刺し始めます。

2 刺し終わりは、2枚の布の間に針をくぐらせて1cmくらい先に針を出します。縫い目がつれないように注意して糸を引き気味にし、布の際で糸を切ります。刺し始めの糸端も同様にカットします。

3 糸端を2枚の間に隠します。糸端が1cm以上あり、洗濯をすると布目が引き締まって糸もなじむので、糸端が出てくる心配はありません。

糸を渡して刺す場合

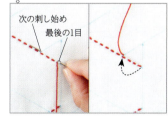

最後の1目を刺しながら、糸を切らずに2枚のさらしの間に針をくぐらせて次の刺し始めに針を出します。糸は布の間を渡って裏側に出ません。渡す糸は少し余裕を持たせ、つれないように注意しましょう。

1枚布に刺す場合の糸のつなぎ方

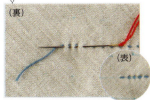

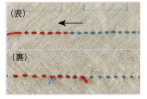

1 糸端を3cmくらい残しておき、新しい糸を3目ほど重ねて刺します。表に響かないように裏側から布目だけをすくいます。

2 次の目を新しい糸で刺します。糸端は3cmくらい残しておきます。

3 新しい糸で続けて刺します。糸端は、仕上げアイロンの後に0.3～0.5cmにカットします。（短かすぎると糸端が表に出てきてしまうので注意）

すでに刺してある針目に絡める方法

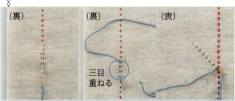

すでに刺した部分があれば、そこに針目を重ねて刺し始めることができます。左の**1,2**と同様に糸をつなぎ、刺し始めたい位置で表に出します。糸端は3cmくらい残しておき、仕上げアイロンの後に0.3～0.5cmにカットします。

美しい仕上がりのために

刺し子はもともと実用のための技術なので、あまり難しいことを考えず、楽しく刺すのがいちばんです。でも、少し慣れてきて、よりきれいに刺したいという場合のコツをご紹介します。

| 角の刺し方 |

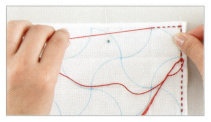
1 角の部分は糸を引きすぎてしまいがちです。糸を引く際に角の針目に針を入れておき、針をはさんだまま糸を引き、糸こきをします。

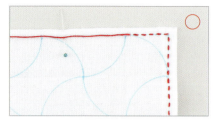
2 針の太さの分、糸を引きすぎずに、角がきれいに出せます。

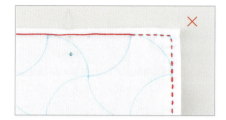
そのまま糸を引くと、糸がつれて角がきれいに出にくいです。

| 曲線の刺し方 |

1 曲線を刺すというよりも、刺すラインがなるべく直線になるように布を動かしながら、1目1目針先をラインに乗せていきます。

2 ラインがゆがまないように1つの曲線はなるべく続けて刺し、交点を越えた1～2針先まで刺すとよいでしょう。

3 針を抜き、布を伸ばさないように注意しながら糸こきをします。糸を引きすぎないように、1目めを押さえながら糸こきをするとよいでしょう。

| 直線の刺し方、糸こきのコツ |　| まち針を使う |　| 中央に近いところから刺す |

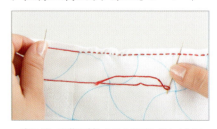
一度に長い距離を刺したほうが歪みがなくきれいに仕上がりますが、長く刺しすぎても糸がつれやすくなります。また、角は特につれやすいので、角から数針刺したら糸こきをし、その後に直線を長く刺すようにしましょう。糸こきをする際には、1目めに針を入れてゆるみを残し、調整に使うとよいでしょう。

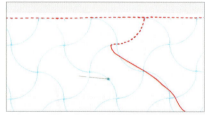
曲線や斜線の図案は、布を伸ばさないように注意して糸こきをしながら刺します。ラインに沿ってまち針を打っておくと、布がずれないだけでなく、伸びの予防にもなります。刺しにくい場合は、全体に粗く十字にしつけをかけておいてもよいでしょう。

片側から刺すと布が偏ってしまうことがあるので、まわりを刺した後は中央に近いところから刺していきます。

| きれいに見えるポイント | 糸と糸が接するところをきれいに仕上げると、ぐっと美しく見え、完成度が上がります。

| 角の出し方 |

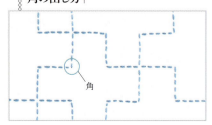
二辺どちらかの針目が角に来るようにするときれいに見えます。

| 交点の刺し方 |

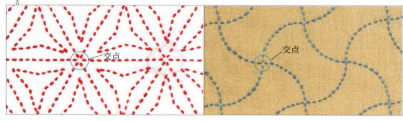
ラインが交差する交点は、中心が交わらないように刺します。たくさんのラインが交わる場合は、交点の中心に小さな丸を下描きしておくと針目が揃いやすくなります。

模様の描き方と刺し方のポイント

白丸数字が刺す順番、矢印が刺す方向です。黒丸数字は製図の順番を表しています。

十字つなぎ > p.4

方眼の案内線を引き、階段状に縦方向の線を描き、十字に交わるように横方向の線を描く。角が多いので、針目を揃えて角が直角になるように刺す。一辺の目数を決めて刺すときれいに仕上がる。

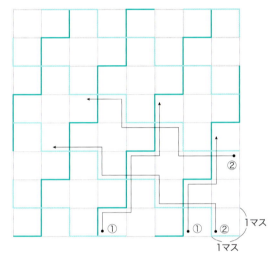

算崩し文 > p.5

5マス分の長さの4本の直線を組み合わせて製図する。まず横線を描き、縦線を描く。同じ方向のブロックごとに続けて刺す。

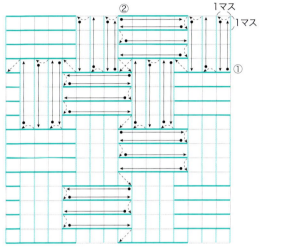

組子文 > p.6

方眼の案内線を引き、3マスごとの対角線を描く。内側に2.5マス分の対角線をずらして描く、さらに内側に1.5マス分の対角線をずらして描く。大きな対角線をまず刺し、内側を1ブロックごとに刺す。

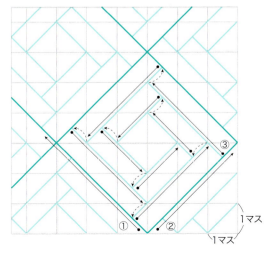

籠目 > p.7

方眼の案内線を引き、2マス分の幅で縦線を描く。2本の縦線の中央で交差するように、横4マス・縦2マスの長方形の対角線に斜線を引く。縦線を刺してから斜線を刺す。斜線は布を伸ばさないように注意して刺す。

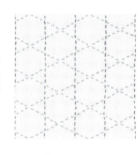

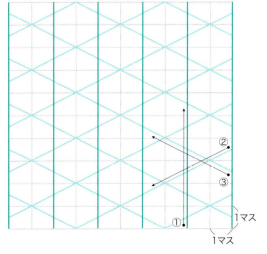

重ね枡つなぎ > p.8

方眼の案内線を引き、3マス分の正方形とその対角線を描く。4マス分を対角線とする正方形を1マス分重ねて描く。

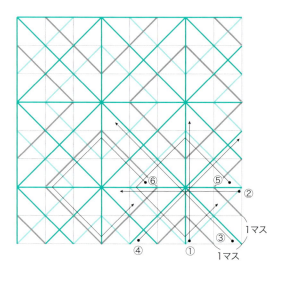

変わり角七宝 > p.9

❶ 方眼の案内線を引き、4マスごとの交点に横2マス・縦4マスの対角線を描く。 ❷ ❶のラインをつなぐように2マス分のラインを描く。 ❸ 4マスごとの交点に横4マス・縦2マスの対角線を描く。 ❹ ❸のラインをつなぐように2マス分のラインを描く。

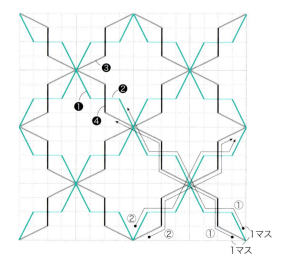

杉綾 > p.10

4:3の長方形を引き、縦線を描く。縦2マス分の対角線を平行に描く。
縦線を刺してから、斜線を刺す。

花菱形 > p.11

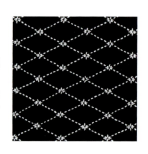

方眼線を引き、横2マス・縦1マスの長方形の対角線を描く。
刺すときは、斜線は布を伸ばさないように注意して刺す。交点に十字に花を刺す。

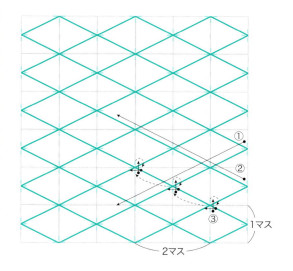

井桁に剣形角つなぎ > p.12

❶ 方眼の案内線を引き、3マスごとの直線を描く。 ❷ 3マスの対角線の中央1マス分をあけてラインを描く。 ❸ ❷のラインの端を4マス分の直線で結ぶ。 ❹ 3マスの中央1マスの上下にラインを入れる。

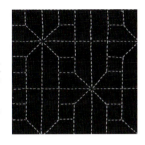

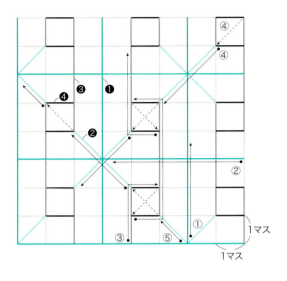

独鈷杵つなぎ > p.13

方眼線を引き、交点から0.7のところに印をつけて印同士を結ぶ案内線を引く。方眼線から1のところにラインを入れる。

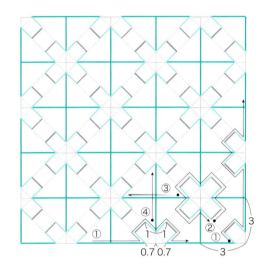

卍つなぎ四角文 > p.14

方眼線と対角線を案内線として引き、❶、❷、❸の順にラインを描く。
すべて斜線なので、布を伸ばさないように注意して刺す。角と交点の直角を意識して刺すときれいに仕上がる。

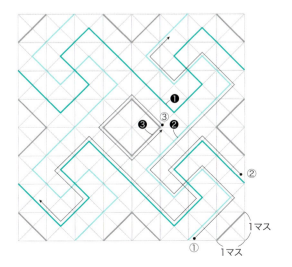

菱卍 > p.15

❶ 横2.5、縦3の比率で方眼の案内線を引き、横10、縦6の長方形の対角線を描く。 ❷❸ ❶から1.5のところに案内線を引き、互い違いにラインを描く。

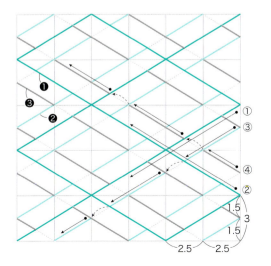

三重菱つなぎ > p.16

❶ 方眼の案内線を引き、横2マス・縦1マスの対角線を描く。❷ 対角線の交点に、横2マス分の直線を引く。❸ 交点にさらに縦1マス分の直線を引く。❹ ❷❸の端を結ぶラインを引く。

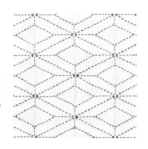

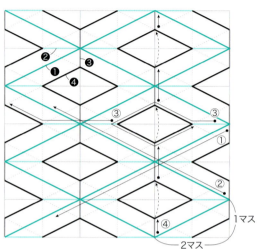

麻の葉 > p.17

❶ 横5・縦5.5の方眼の案内線を引き、縦線と、横2マス・縦1マスの対角線を描く。❷ 横1マス・縦1.5マスの対角線の案内線を引き、交点に横線を描く。❸ 交点を通って交差する斜線を描く。
刺すときは、ラインの端を交点から1目出して刺す。

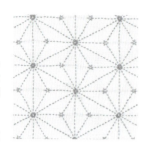

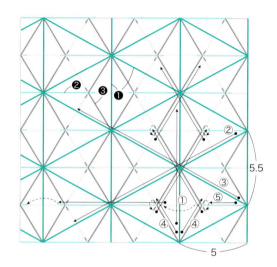

八手麻の葉 > p.18

「麻の葉」をアレンジした模様。製図の仕方は49ページ。
交点が多くあるので、糸が重ならないように気をつけて刺す。

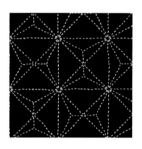

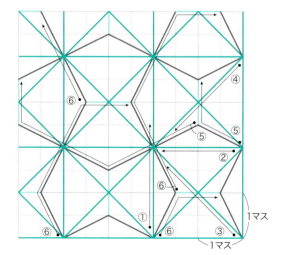

八角寄せ > p.19

❶ 方眼の案内線を引き、横1マス・縦2マスの対角線を使ってジグザグのラインを引く。❷ 横2マス・縦1マスの対角線を使ってジグザグのラインを引く。
すべて斜線で、交差と角が多いので、針目に気をつけて布を伸ばさないように刺す。

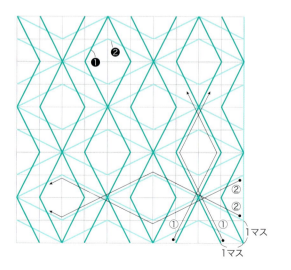

薔薇模様つなぎ > p.20

ラインを組み合わせてバラを図案化した模様。製図の仕方は49ページ。バラの中心で糸を渡しながら刺す。

角花刺し > p.21

❶ 方眼の案内線を引き、8マス分のラインを描く。❷ 8マスの交点から1マス・2マスの長方形の対角線を描き、交点から1マス分のところでつなぐ。❸ 交点から1マスのところと、❶のラインから2.5マス分のところをつなぐラインを描く。

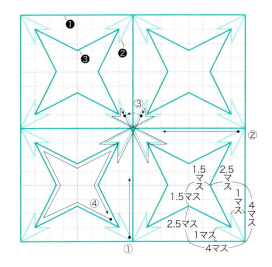

変わり麻の葉 > p.22

「麻の葉」をアレンジした模様。斜眼紙を使って製図する。
1辺5マスの正三角形を描き、頂点の内側0.5マス分のところと、辺から1マス分のところを結ぶラインを描く。

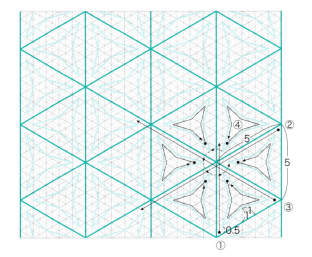

雪形亀甲 > p.23

斜眼紙を使って製図する。
❶ 10マス分の大きな三角形を描く。
❷ 交点から、❶のラインのそれぞれの中央に2マス分の直線を描く。
❸ ❷の端を結ぶ三角形を描く。
❹ 交点から3マスのところに六角形を描く。

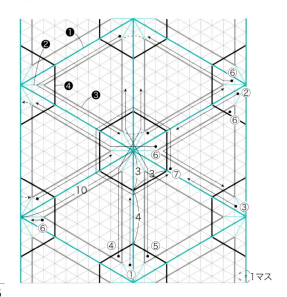

毘沙門亀甲 > p.24

斜眼紙を使って製図する。
❶ 2マス分の長さの縦線を2マスおきに描く。 ❷ 2マス分の長さの斜めのラインを2マスおきに描く。 ❸ もう一方向にも、2マス分の長さの斜めのラインを2マスおきに描く。

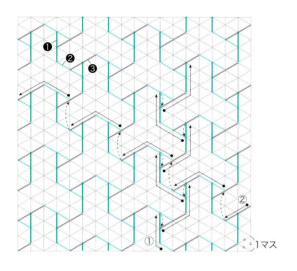

連線網代 > p.25

斜眼紙を使って製図する。
❶ 5マス分と、7マス分の長さの縦線を描く。 ❷ 5マス分と7マス分の長さの斜めのラインを描く。 ❸ もう1方向にも、5マス分と7マス分の長さの斜めのラインを描く。

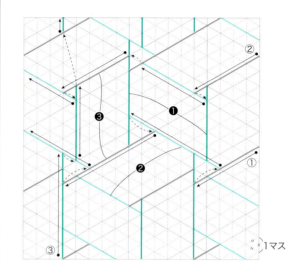

松皮菱 > p.25

三角形をベースにした模様なので斜眼紙を使うことが多いが、方眼紙で製図することもできる。
方眼線と、横2マス・縦1マスの対角線の案内線を引き、斜め方向にジグザグのラインを描く。

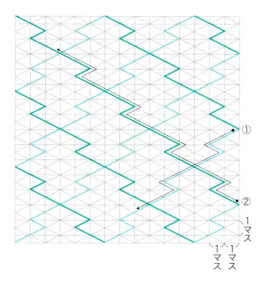

重ね網文 > p.26

「網文」を少し重ねてアレンジした模様。半円の弧を交互に並べ、上下に少し重ねる。方眼の案内線を引き、サークルプレート（円定規）やコンパスを使ってラインを描く。厚紙で型紙を作ってもよい。

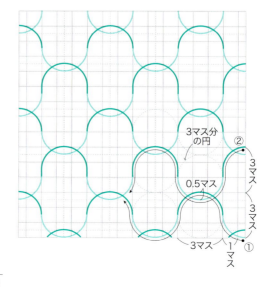

変わり鳥襷文 > p.27

方眼の案内線を引き、円をずらしながら製図する。厚紙で型紙を作るとよい。

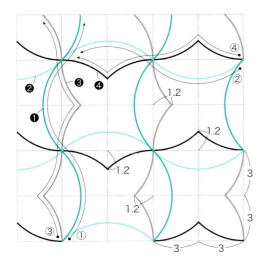

分銅つなぎ > p.28

円を重ねて作る七宝模様の、模様の一部分を刺す。マス目の大きさが円の半径になる。方眼の案内線を引き、サークルプレート（円定規）やコンパスを使ってラインを描く。厚紙で型紙を作ってもよい。斜めに波形に刺す。

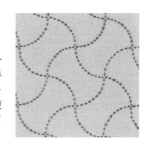

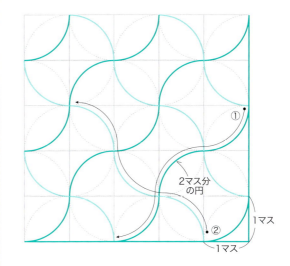

丸七宝つなぎ > p.29

七宝模様のラインを二重にして、交点に小さな円をプラスした模様。マス目の大きさが、大きな円の半径になる。方眼の案内線を引き、サークルプレート（円定規）やコンパスを使ってラインを描く。厚紙で型紙を作ってもよい。

十字花刺し > p.30

方眼の案内線を引き、それに沿って刺す。マス目の大きさが1目の長さになる。マス目の交点に重ねて横、縦の順に十字に刺し、十字同士をつなぐように斜めに刺す。

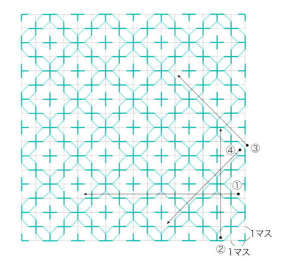

柿の花 > p.32

針目の出し方によってさまざまなバリエーションがある模様。
方眼の案内線を引き、それに沿って刺す。マス目の大きさが1目の長さになる。（0.5cmで刺すことが多い）
横、縦の順に、1目ずつ規則的に刺す。裏側には表を反転した模様が現れる。

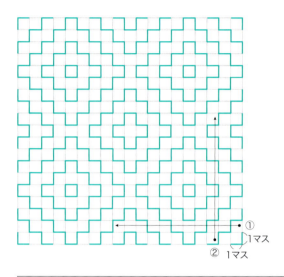

亀甲花刺し > p.33

斜めのラインは刺さずに糸をくぐらせるユニークな模様。
方眼の案内線を引き、マス目に沿って、大きな針目（1マス分）と小さな針目（2目で1マス分）で縦に刺し、縦の針目を頼りにして横に小さな針目で刺す。大きな針目に針を針穴側から通して糸を渡す。糸を引き過ぎないように注意する。

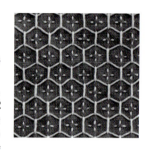

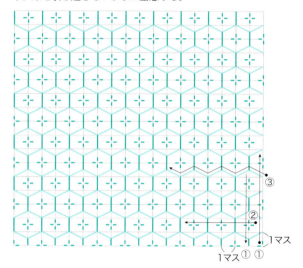

方眼 > p.34

方眼の案内線を引き、1マスに2目入るように、縦、横と規則的に刺す。始めに刺した2目の中央に、小さな針目を並べるように刺す。

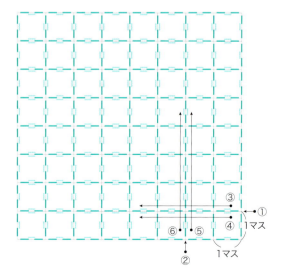

一目籠目 > p.35

斜眼紙を使って製図すると、きれいな六角形の模様になる。
ラインの交点が針目の中央になるように、バランスよく刺す。

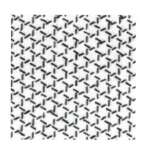

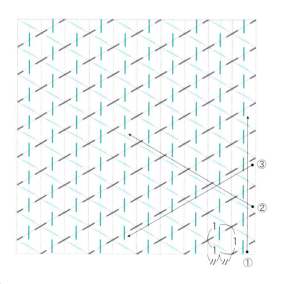

[八手麻の葉の製図の仕方]

❶ 方眼の案内線を引き、2マス分の方眼と対角線を描く。
❷ 2マス分の方眼の中央に1マス分の横線と縦線を交互に描く。
❸ ❷の端を結ぶ。

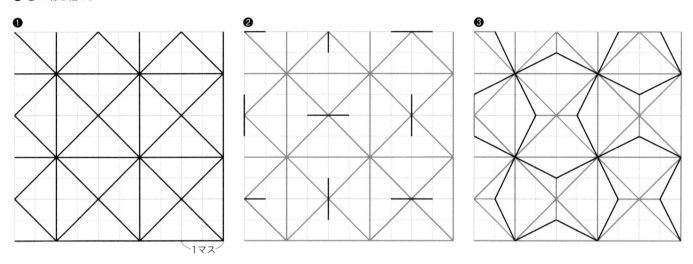

[薔薇模様つなぎの製図の仕方]

❶ 方眼の案内線を引き、5マス・3マスの長方形の対角線を案内線として引く。
❷ 5マス分の方眼の交点1つおきに、交点を通って交差する縦方向の斜線を描く。
❸ 残りの交点を通って交差する横方向の斜線を描く。

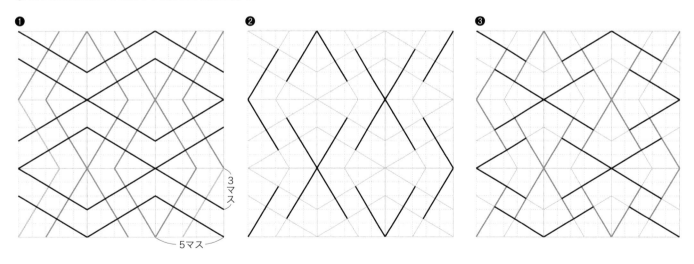

[あずま袋の仕立て方]

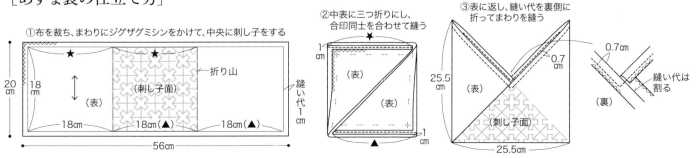

ふきんを刺すときの注意・仕立て方

+ 布にはたっぷりの蒸気でスチームアイロンをかけてから使います。
+ 下の図を参照して布の準備をします。
+ 図案は、布に直接製図をするのが最も簡単です。(37ページ参照) それぞれの図案の製図の仕方は41ページからを参考にしてください。
  直接製図をするのが難しい場合は、51ページからの実物大図案をご利用ください。丸数字が刺す順番、矢印が刺す方向を表しています。
+ 布に模様をきちんと描いておくことが、きれいに仕上げる最大のコツです。
+ 図案は布と中央を合わせて配置します。刺すときも、まわりを刺した後は中央から刺していきます。
+ 1模様の目数を決めて刺すと、仕上がりがきれいです。
+ 線が続いていないところは、さらしの場合は2枚の間に針をくぐらせて糸を渡します。渡す糸は引きすぎてつれないように注意しましょう。
  渡った糸が透けて気になる場合は、その都度糸を始末するとよいでしょう。1枚布の場合は、その都度糸を始末します。(39ページ参照)
+ 刺し上がったら図案の線を消し、アイロンをかけて仕上げます。

[さらしの仕立て方]

さらしは、端を裏に折って二つ折りにアイロンをかけるだけでそのまま縫い始めることができます。
刺し子の一番始めにまわりを縫ってしまえばOKです。
ただ、刺したい図案がさらしに対して小さい場合など、折った布端が気になる場合は、縫い代を縫ってから使いましょう。

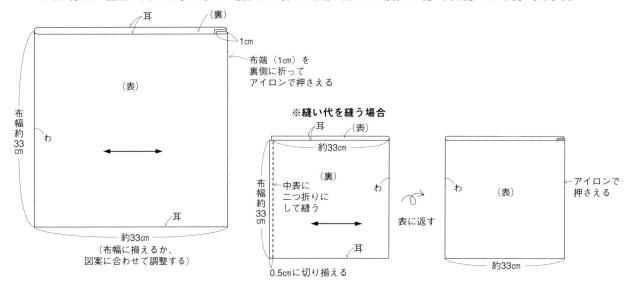

[額縁仕立ての方法]

1枚布の場合は、布のまわりを三つ折りにし、角を額縁仕立てにします。
点線のように印をつけて角を裁ち落とし、①〜⑤の順に折ってしつけをかけ、まつります。

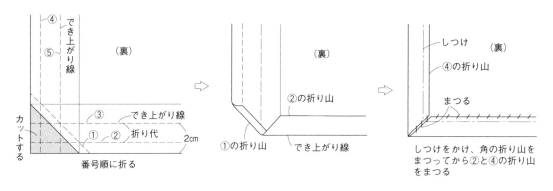

実物大図案／十字つなぎ > p.4

+ 布…オリムパスさらしもめん　白（H-1000）1枚
+ 糸…オリムパス刺し子糸（袋入り）　ブルー（9）1束
+ 刺し子面のサイズ…32㎝×32㎝
+ さらしは50ページを参照して仕立て、糸は1本で刺します。

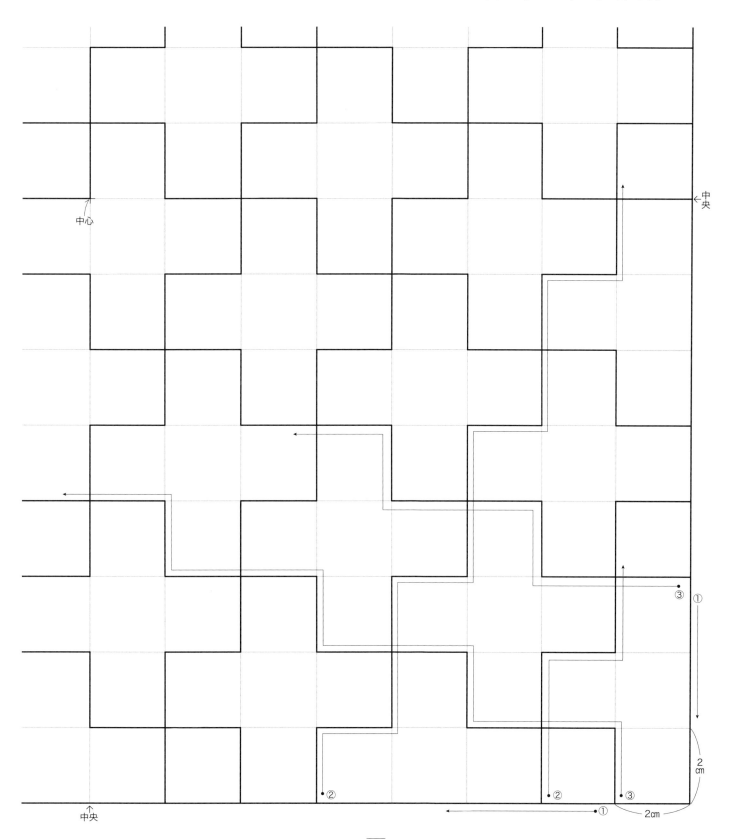

実物大図案／算崩し文 > p.5

+ 布…オリムパス刺し子もめん　生成 (H-6000) 1枚
+ 糸…オリムパス刺し子糸 (袋入り)　黄緑 (6)、山吹色 (16) 各1束
+ 刺し子面のサイズ…32㎝×32㎝
+ さらしは50ページを参照して仕立て、糸は1本で刺します。

実物大図案／組子文(くみこもん) > p.6

+ 布…オリムパスさらしもめん　白（H-1000）1枚
+ 糸…オリムパス刺し子糸（袋入り）　ピンク・紫系ミックス（73）1束
+ 刺し子面のサイズ…32㎝×32㎝
+ さらしは50ページを参照して仕立て、糸は1本で刺します。

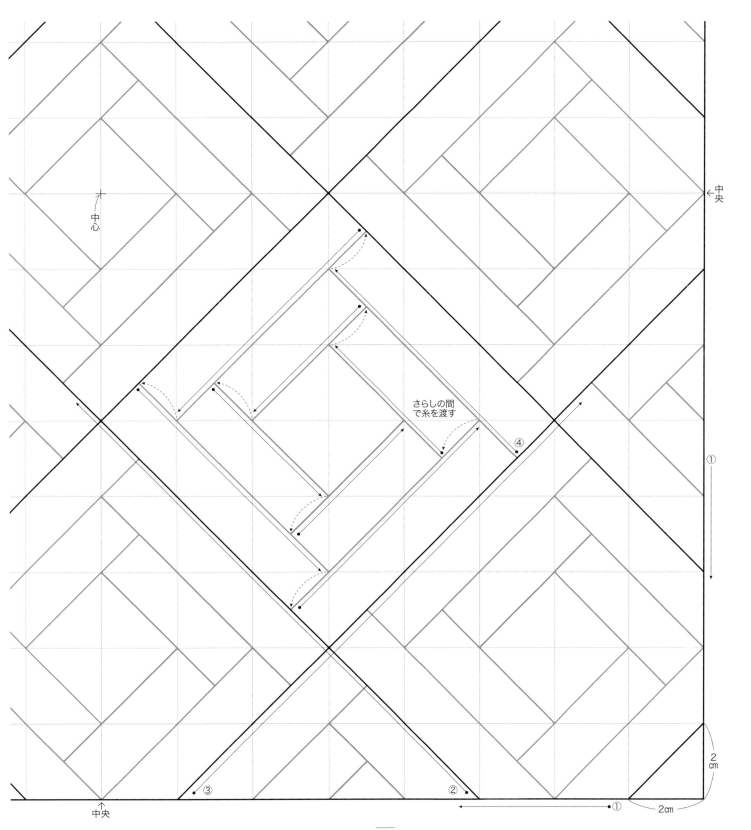

実物大図案／籠目 > p.7

+ 布…オリムパスさらしもめん　白（H-1000）1枚
+ 糸…ホビーラホビーレ刺し子糸　パープル（112）、黄緑（114）各1束
+ 刺し子面のサイズ…33㎝×33㎝
+ さらしは50ページを参照して仕立て、糸は1本で刺します。

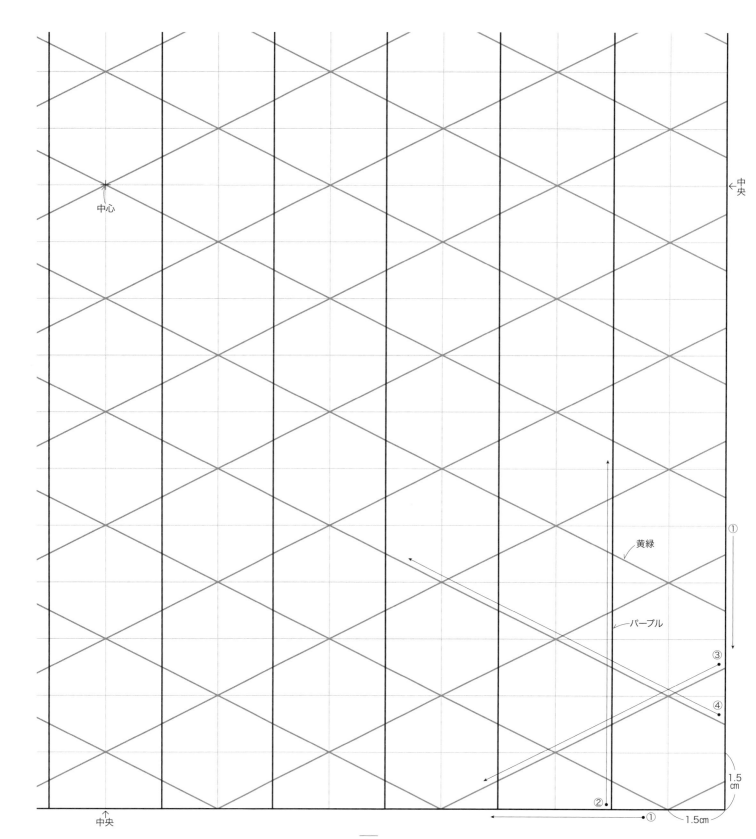

実物大図案／重ね枡つなぎ > p.8

+ 布…オリムパス刺し子もめん　浅葱（H-4000）1枚
+ 糸…オリムパス刺し子糸（袋入り）白（1）、薄ピンク（14）、赤（12）各1束
+ 刺し子面のサイズ…32㎝×32㎝
+ さらしは50ページを参照して仕立て、糸は1本で刺します。

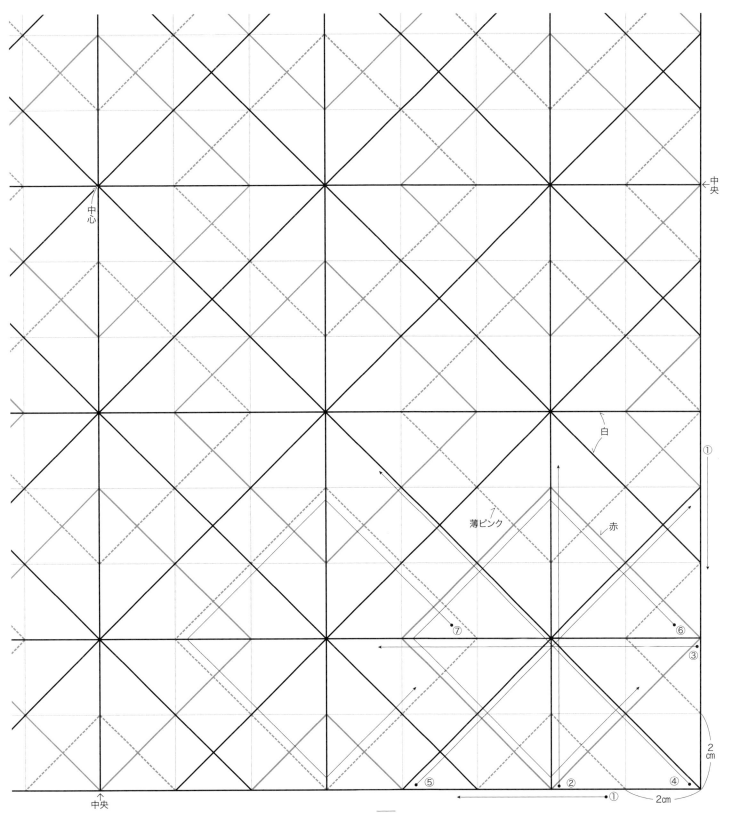

実物大図案／変わり角七宝 > p.9

+ 布…オリムパス刺し子もめん　赤（H-4500）1枚
+ 糸…オリムパス刺し子糸（袋入り）　生成り（2）1束
+ 刺し子面のサイズ…32㎝×32㎝
+ さらしは50ページを参照して仕立て、糸は1本で刺します。

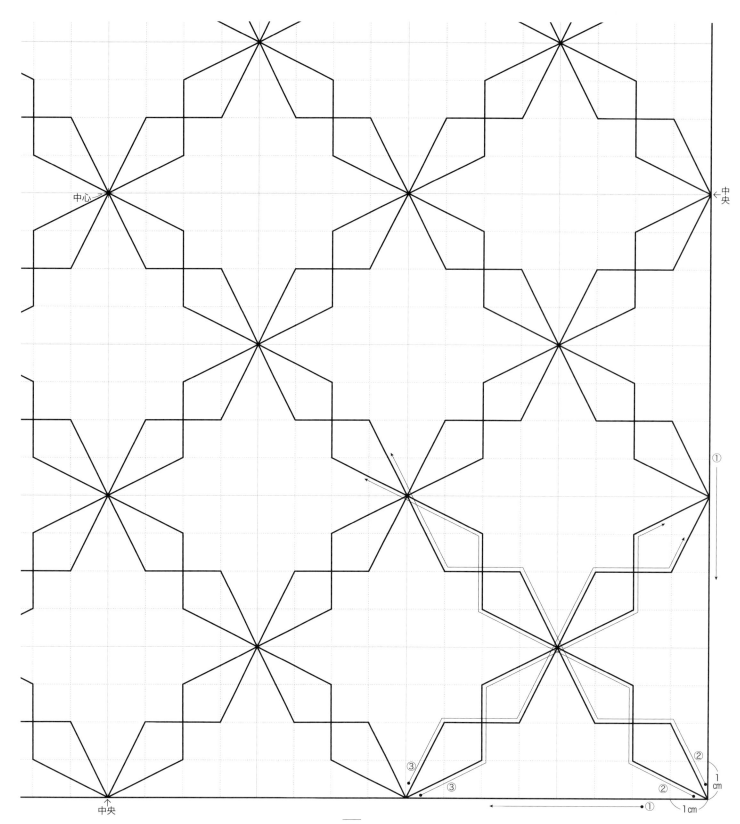

実物大図案／杉綾 > p.10

+ 布…オリムパス刺し子もめん　うぐいす (H-8000) 1枚
+ 糸…オリムパス刺し子糸（袋入り）　生成り (2)、薄ピンク (14) 各1束
+ 刺し子面のサイズ…32㎝×32㎝
+ さらしは50ページを参照して仕立て、糸は1本で刺します。

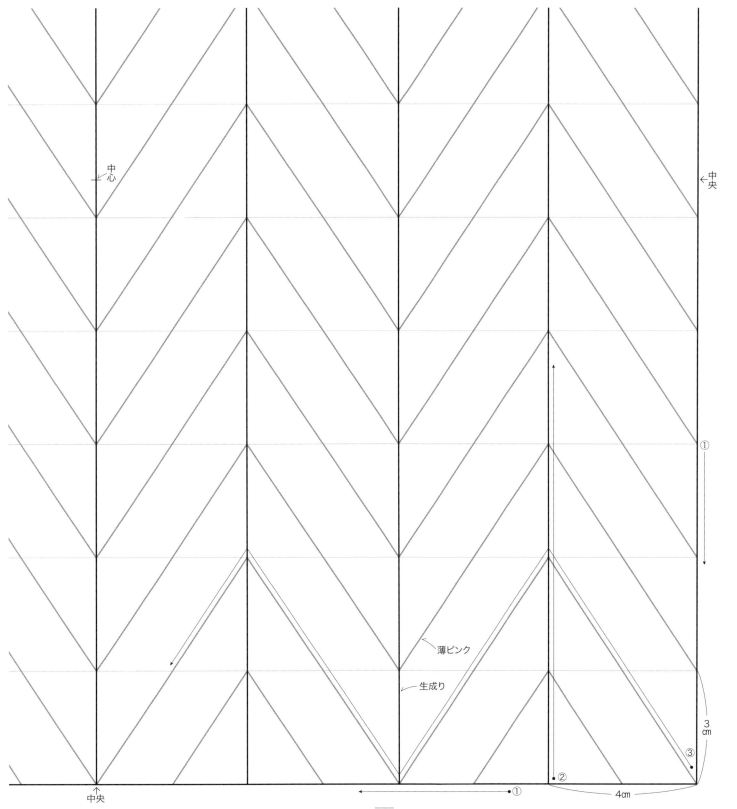

実物大図案／花菱形 > p.11

+ 布…オリムパス刺し子もめん　藍（H-2000）1枚
+ 糸…オリムパス刺し子糸（袋入り）　生成り（2）、からし色（5）各1束
+ 刺し子面のサイズ…32.5㎝×32.5㎝
+ さらしは50ページを参照して仕立て、糸は1本で刺します。

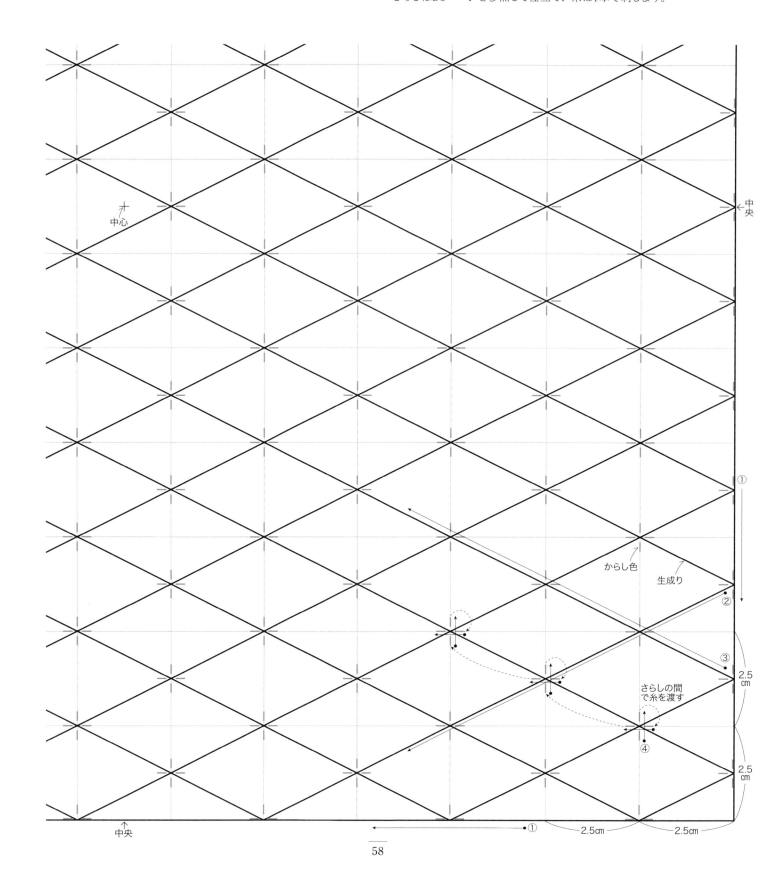

実物大図案／井桁に剣形角つなぎ > p.12

+ 布…オリムパス刺し子もめん　茶（H-8500）1枚
+ 糸…オリムパス刺し子糸（袋入り）　オレンジ色（4）1束
+ 刺し子面のサイズ…32㎝×32㎝
+ さらしは50ページを参照して仕立て、糸は1本で刺します。

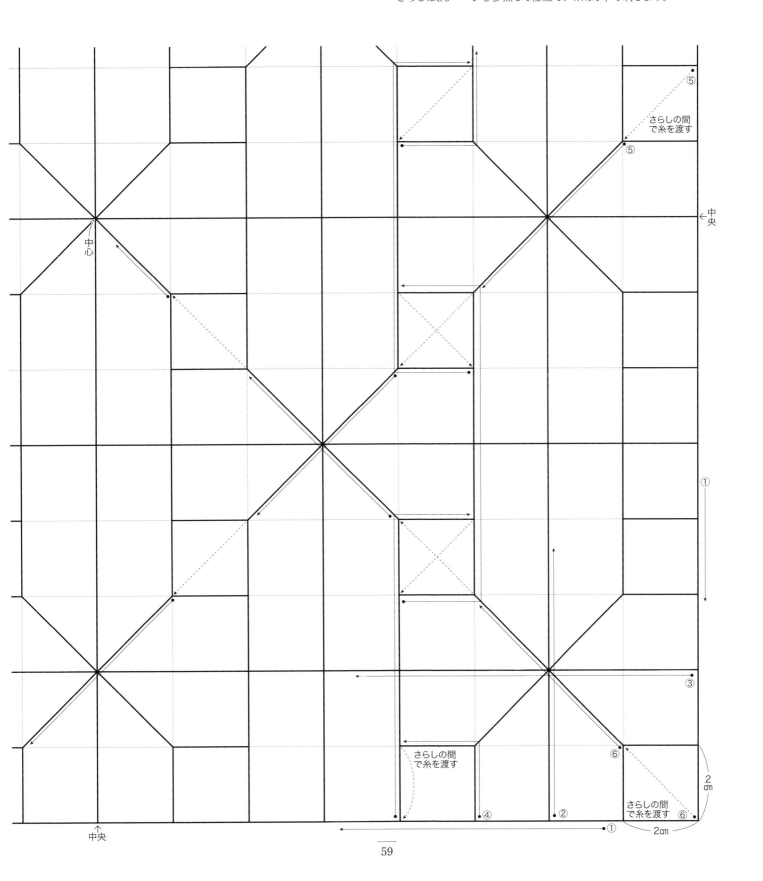

実物大図案／独鈷杵つなぎ > p.13

+ 布…リネン　56㎝×20㎝
+ 糸…ホビーラホビーレ刺し子糸　オレンジ（120）1束
+ 刺し子面のサイズ…18㎝×18㎝
+ 49ページを参照して布を裁ち、糸は1本で刺し子をして仕立てます。

実物大図案／卍つなぎ四角文 > p.14

+ 布…リネン　40cm×40cm
+ 糸…ホビーラホビーレ刺し子糸　黄緑(114)、黄(115) 各1束
+ 刺し子面のサイズ…32cm×32cm
+ 布は50ページを参照してまわりを額縁仕立てにし、糸は2本どりで刺します。

実物大図案／菱卍 > p.15

+ 布…オリムパス刺し子もめん　ラベンダー（H-7000）1枚
+ 糸…オリムパス刺し子糸　白（1）1束
+ 刺し子面のサイズ…30㎝×30㎝
+ さらしは50ページを参照して仕立て、糸は1本で刺します。

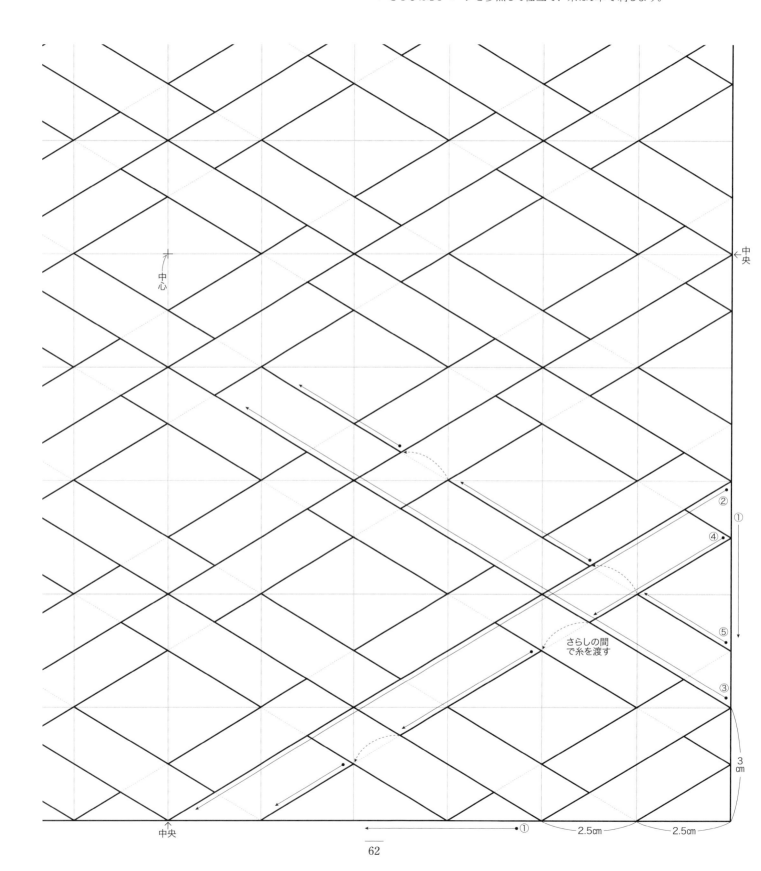

実物大図案／三重菱つなぎ > p.16

+ 布…オリムパスさらしもめん　白（H-1000）1枚
+ 糸…ホビーラホビーレ刺し子糸　パープル（112）1束
+ 刺し子面のサイズ…32.5cm×32.5cm
+ さらしは50ページを参照して仕立て、糸は1本で刺します。

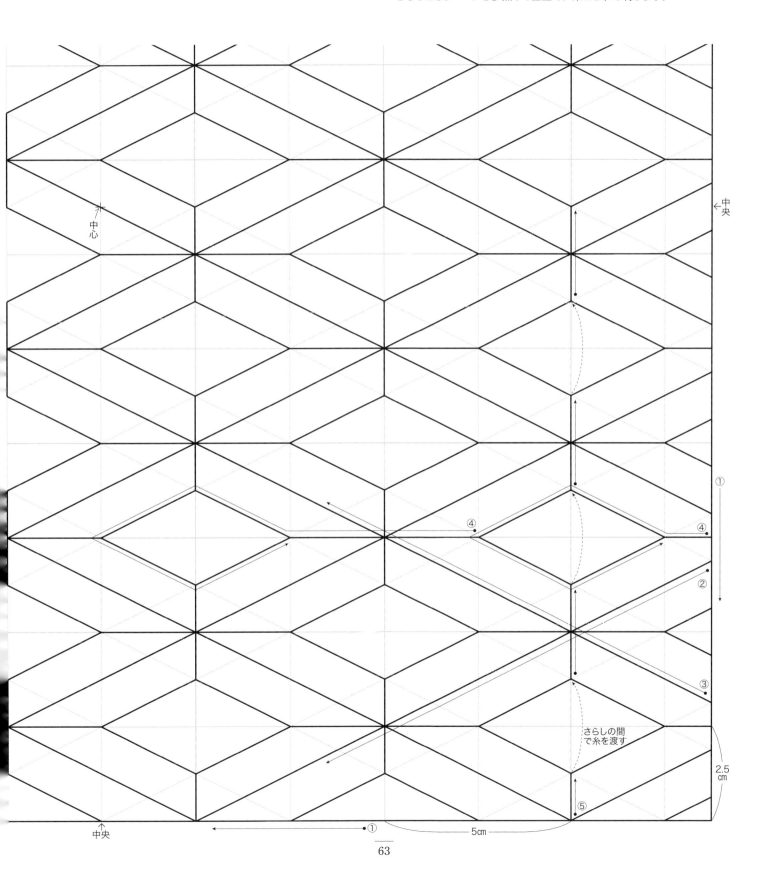

実物大図案／麻の葉 > p.17

+ 布…オリムパスさらしもめん　白（H-1000）1枚
+ 糸…ホビーラホビーレ刺し子糸　カラシ（117）2束
+ 刺し子面のサイズ…32㎝×約32㎝
+ さらしは50ページを参照して仕立て、糸は1本で刺します。
  図案のまわり1㎝外側をぐるりと1周刺してから、内側の模様を刺します。

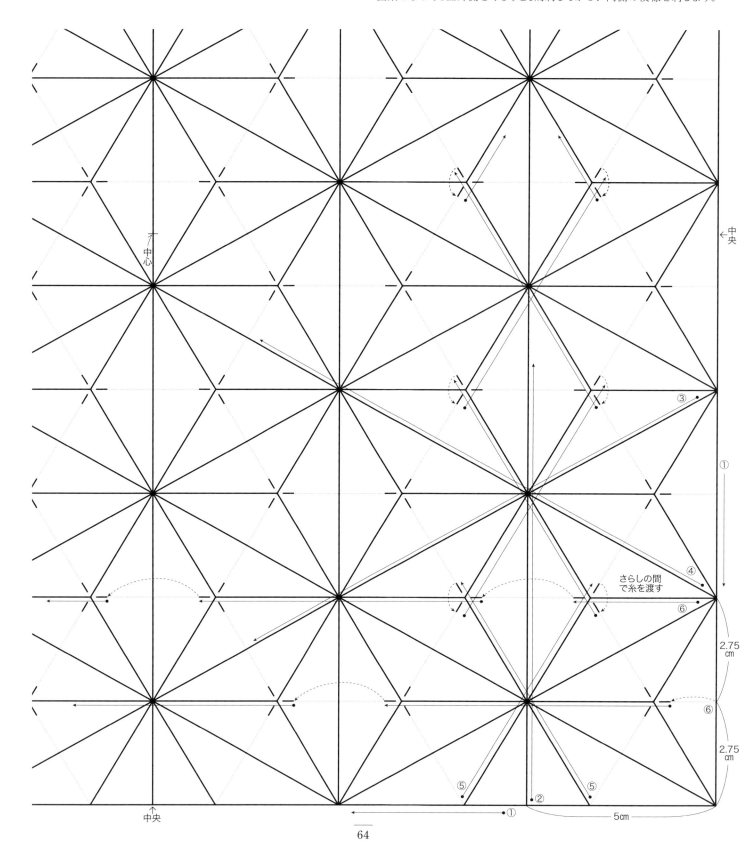

実物大図案／八手麻の葉 > p.18

+ 布…オリムパス刺し子もめん　藍（H-2000）1枚
+ 糸…オリムパス刺し子糸（袋入り）　白（1）1束
+ 刺し子面のサイズ…30㎝×30㎝
+ さらしは50ページを参照して仕立て、糸は1本で刺します。

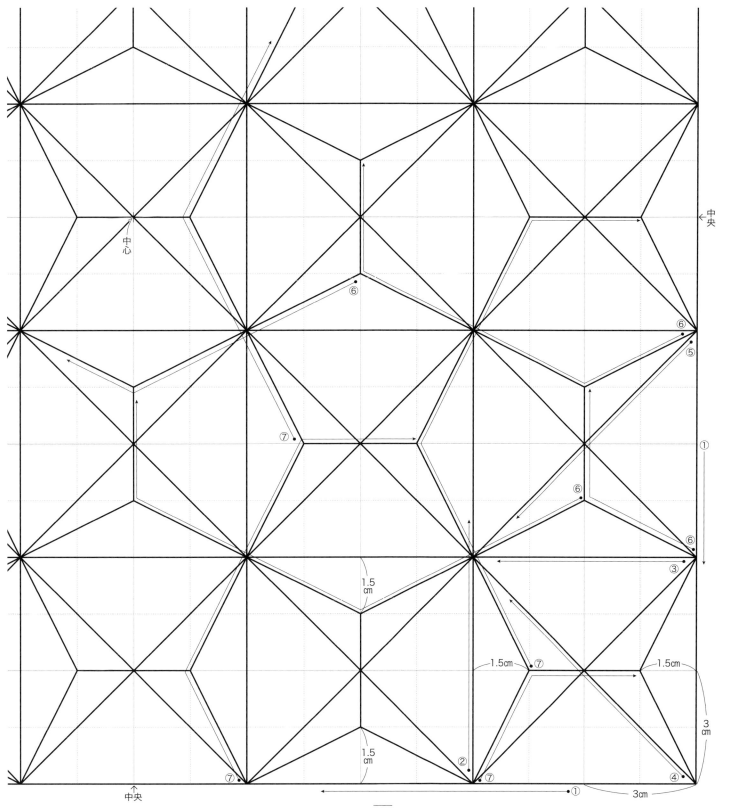

実物大図案／八角寄せ > p.19

+ 布…リネン　44㎝×44㎝
+ 糸…ホビーラホビーレ刺し子糸　白（101）1束
+ 刺し子面のサイズ…38㎝×38㎝
+ 布は50ページを参照してまわりを額縁仕立てにし、糸は1本で刺します。
  図案のまわり1㎝外側をぐるりと1周刺してから、内側の模様を刺します。

実物大図案／薔薇模様つなぎ > p.20

+ 布…オリムパスさらしもめん 白（H-1000）1枚
+ 糸…ホビーラホビーレ 刺し子糸 ぼかし糸・ピンク（200）1束
+ 刺し子面のサイズ…33㎝×33㎝
+ さらしは50ページを参照して仕立て、糸は1本で刺します。

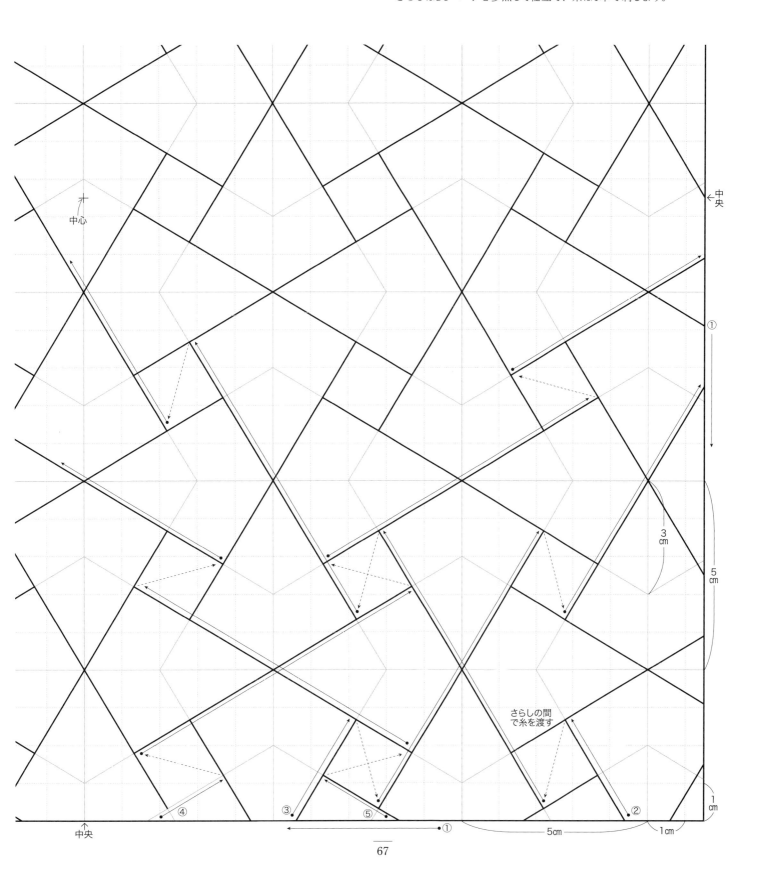

実物大図案／角花刺し > p.21

+ 布…オリムパス刺し子もめん　ラベンダー（H-7000）1枚
+ 糸…オリムパス刺し子糸（袋入り）　白（1）、薄ピンク（14）各1束
+ 刺し子面のサイズ…32㎝×32㎝
+ さらしは50ページを参照して仕立て、糸は1本で刺します。

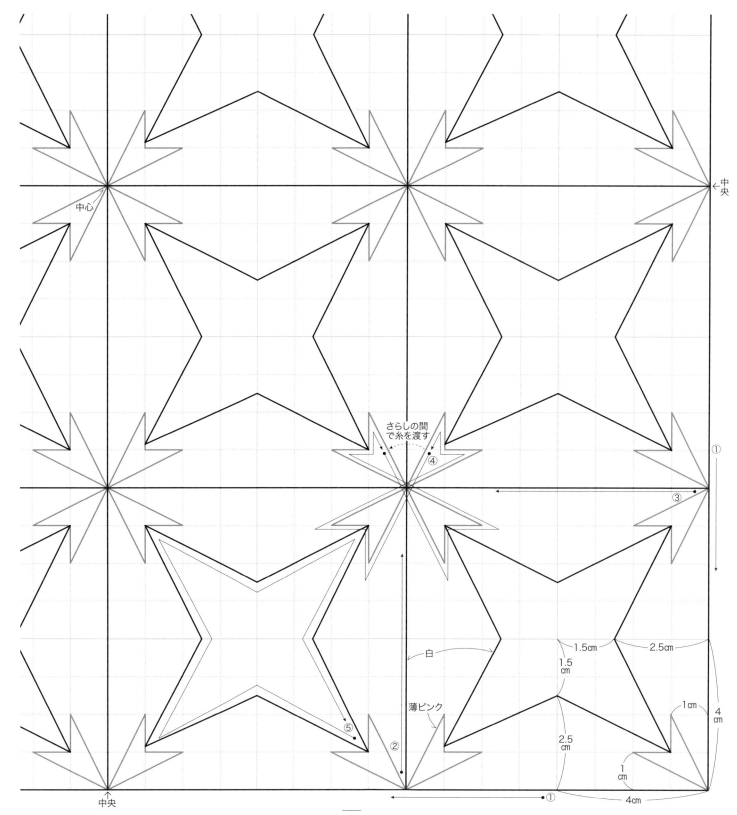

実物大図案／変わり麻の葉 > p.22

+ 布…オリムパスさらしもめん　白（H-1000）1枚
+ 糸…オリムパス刺し子糸（袋入り）　赤（12）2束
+ 刺し子面のサイズ…約32cm×32cm
+ さらしは50ページを参照して仕立て、糸は1本で刺します。
  図案のまわり1cm外側をぐるりと1周刺してから、
  内側の模様を刺します。

実物大図案／雪形亀甲 > p.23

+ 布…オリムパス刺し子もめん　浅葱（H-4000）1枚
+ 糸…オリムパス刺し子糸（袋入り）　白（1）1束
+ 刺し子面のサイズ…32㎝×32㎝
+ さらしは50ページを参照して仕立て、糸は1本で刺します。

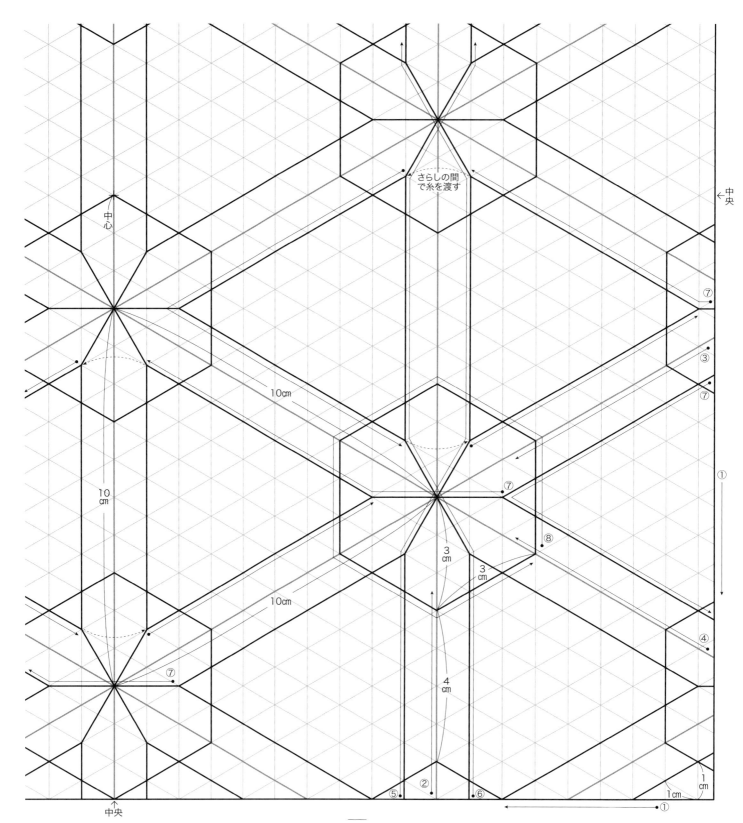

実物大図案／毘沙門亀甲 > p.24

+ 布…オリムパス刺し子もめん　赤（H-4500）1枚
+ 糸…オリムパス刺し子糸（袋入り）　からし色（5）1束
+ 刺し子面のサイズ…約33㎝×33㎝
+ さらしは50ページを参照して仕立て、糸は1本で刺します。

実物大図案／連線網代 > p.25

+ 布…オリムパス刺し子もめん　からし（H-5000）1枚
+ 糸…オリムパス刺し子糸（袋入り）青・グリーン系ミックス（77）1束
+ 刺し子面のサイズ…約33cm×33cm
+ さらしは50ページを参照して仕立て、糸は1本で刺します。

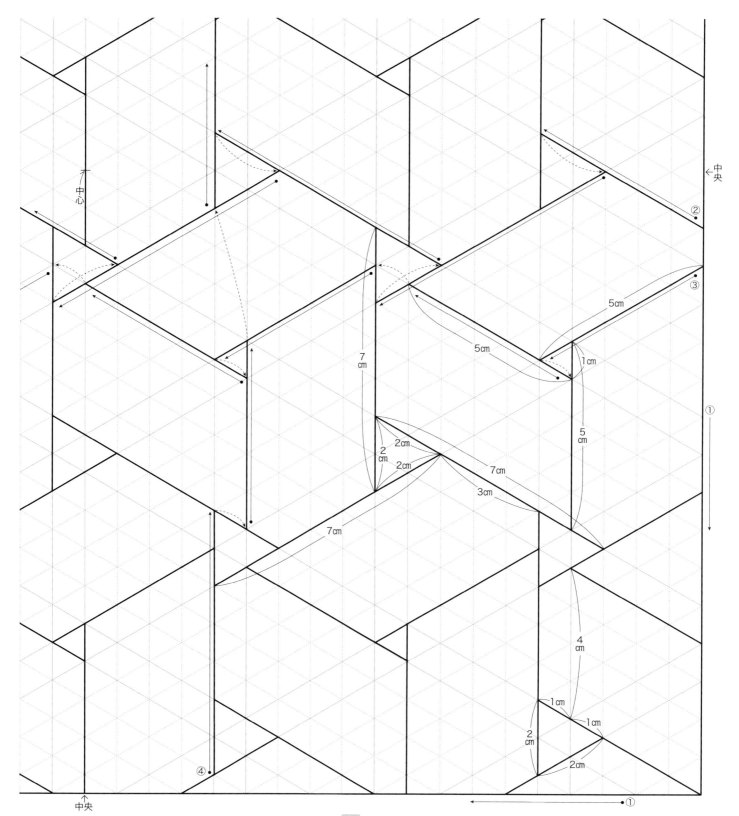

実物大図案／松皮菱 > p.25

+ 布…リネン　38㎝×38㎝
+ 糸…ホビーラホビーレ刺し子糸　コン(105) 1束
+ 刺し子面のサイズ…30㎝×30㎝
+ 布は50ページを参照してまわりを額縁仕立てにし、糸は1本で刺します。

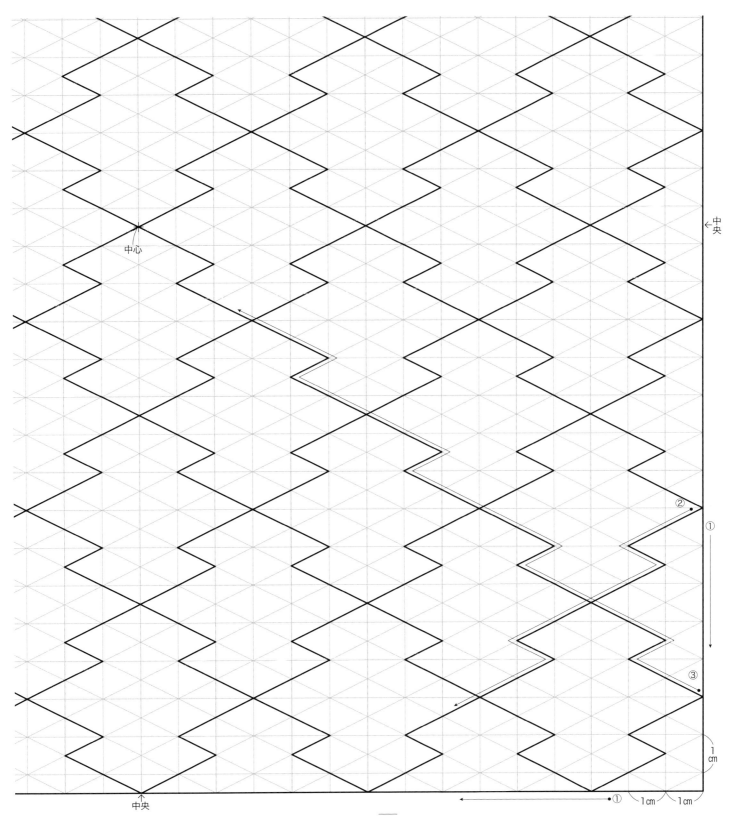

実物大図案／重ね網文 > p.26

+ 布…リネン　38cm×38cm
+ 糸…ホビーラホビーレ刺し子糸　ぼかし糸・アカ（202）1束
+ 刺し子面のサイズ…30cm×30cm
+ 布は50ページを参照してまわりを額縁仕立てにし、糸は1本で刺します。

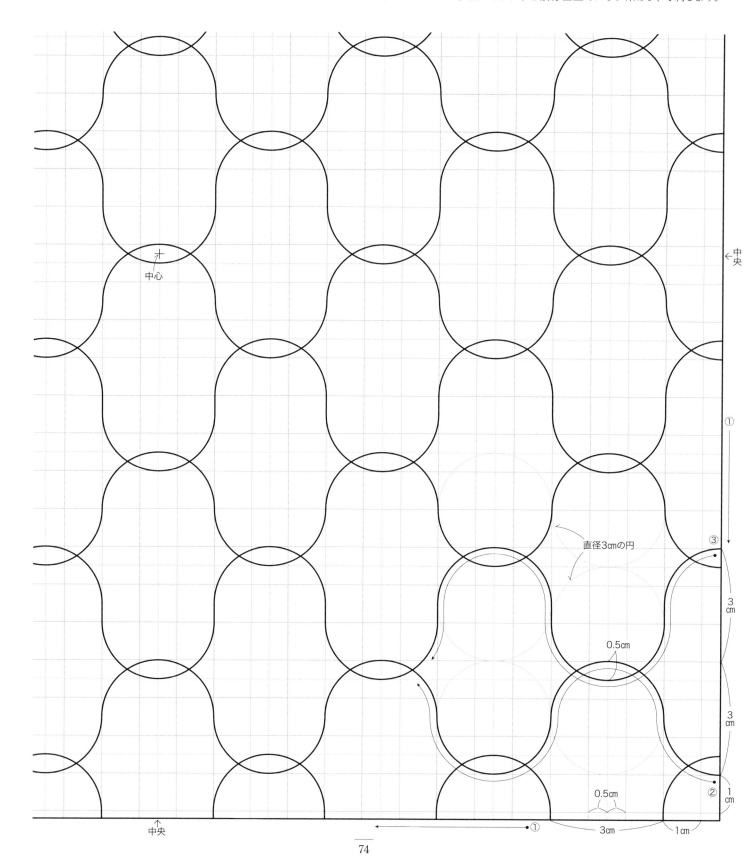

実物大図案／変わり鳥襷文 > p.27

+ 布…グレーのコットンリネン　52cm×52cm
+ 糸…ホビーラホビーレ 刺し子糸　ピンク（111）1束
+ 刺し子面のサイズ…48cm×48cm
+ 布は50ページを参照して額縁仕立てにし、糸は1本で刺します。

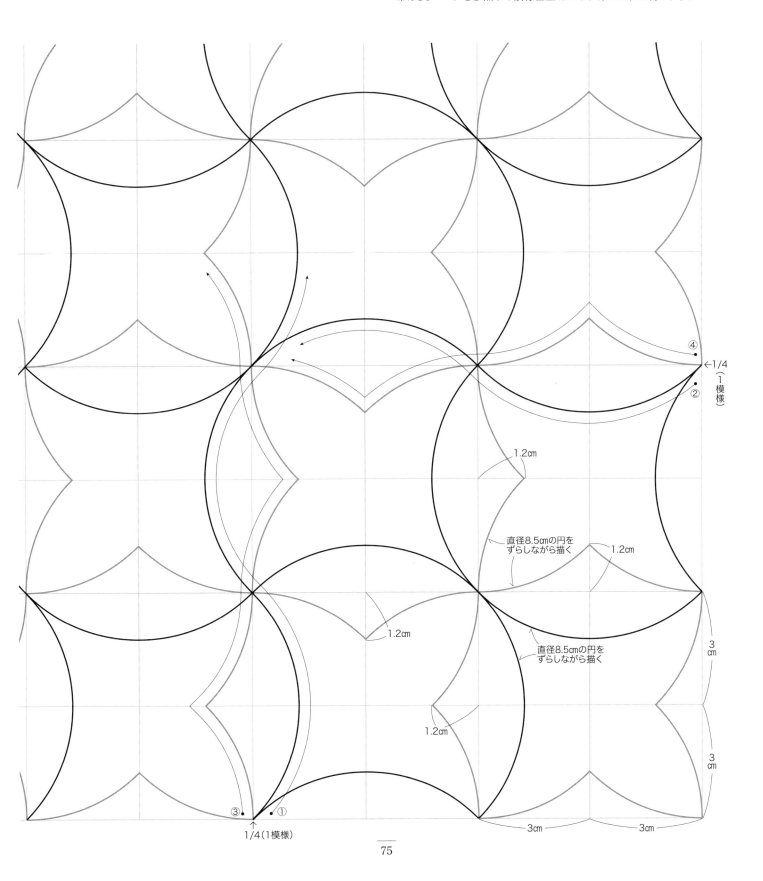

実物大図案／分銅つなぎ > p.28

+ 布…オリムパス刺し子もめん　からし (H-5000) 1枚
+ 糸…オリムパス刺し子糸 (袋入り)　ブルー (9) 1束
+ 刺し子面のサイズ…33cm×33cm
+ さらしは50ページを参照して仕立て、糸は1本で刺します。

実物大図案／丸七宝つなぎ > p.29

+ 布…オリムパス刺し子もめん　渋ピンク（H-3000）1枚
+ 糸…オリムパス刺し子糸（袋入り）　水色（8）1束
+ 刺し子面のサイズ…32cm×32cm
+ さらしは50ページを参照して仕立て、糸は1本で刺します。

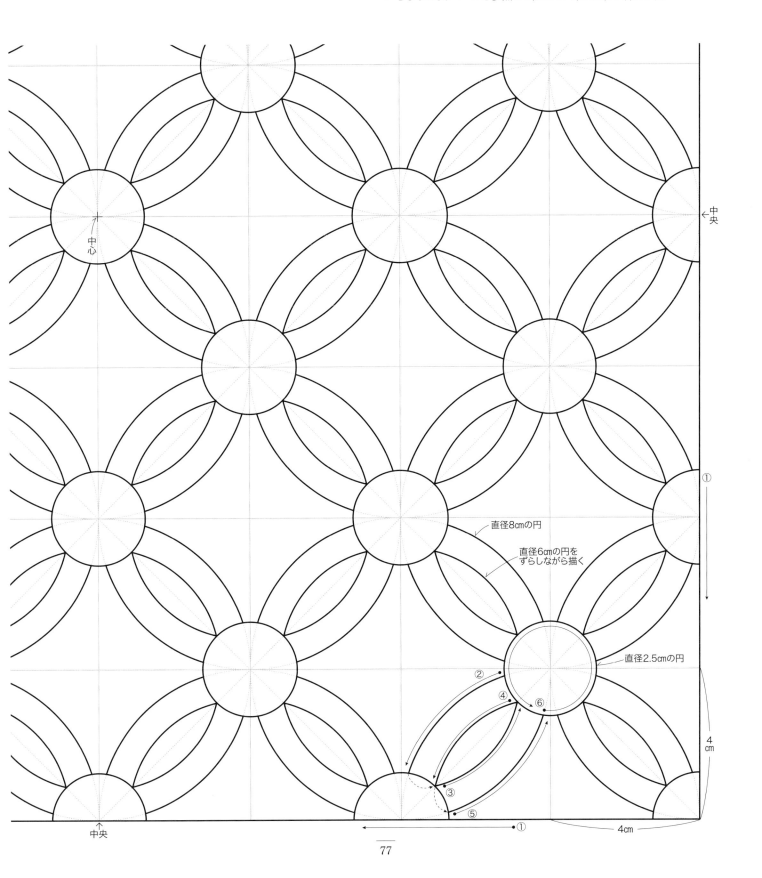

実物大図案／十字花刺し > p.30

+ 布…オリムパス刺し子もめん　渋ピンク (H-3000) 1枚
+ 糸…オリムパス刺し子糸（袋入り）　白(1) 3束
+ 刺し子面のサイズ…32㎝×32㎝
+ さらしは50ページを参照して仕立て、糸は1本で刺します。

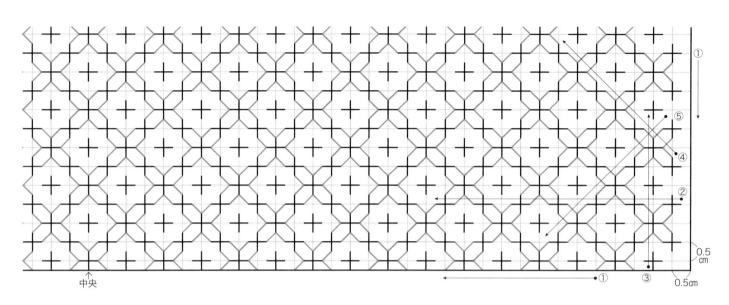

実物大図案／柿の花 > p.32

+ 布…オリムパス刺し子もめん　生成 (H-6000) 1枚
+ 糸…オリムパス刺し子糸（袋入り）　朱赤(15) 3束
+ 刺し子面のサイズ…32㎝×32㎝
+ さらしは50ページを参照して仕立て、糸は1本で刺します。

実物大図案／方眼 > p.34

+ 布…オリムパス刺し子もめん　浅葱 (H-4000) 1枚
+ 糸…オリムパス刺し子糸（袋入り）　生成り(2) 2束　からし色(5) 3束
+ 刺し子面のサイズ…32㎝×32㎝
+ さらしは50ページを参照して仕立て、糸は1本で刺します。

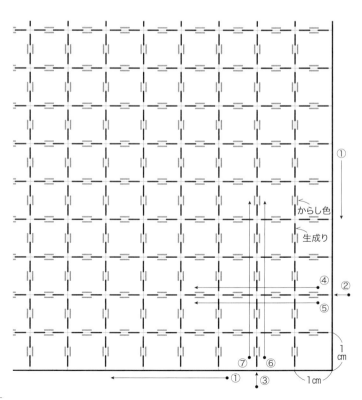

実物大図案／亀甲花刺し　> p.33

+ 布…ホビーラホビーレ スラブコットン・ソフト　ベージュ（11BE）または ローズピンク（46P）各28cm×14cm
+ 糸…ホビーラホビーレ 刺し子糸　濃ブルー（113）1束
+ 刺し子面のサイズ…12cm×12cm
+ 布を裁ち、糸は1本で刺します。図を参照して仕立てます。

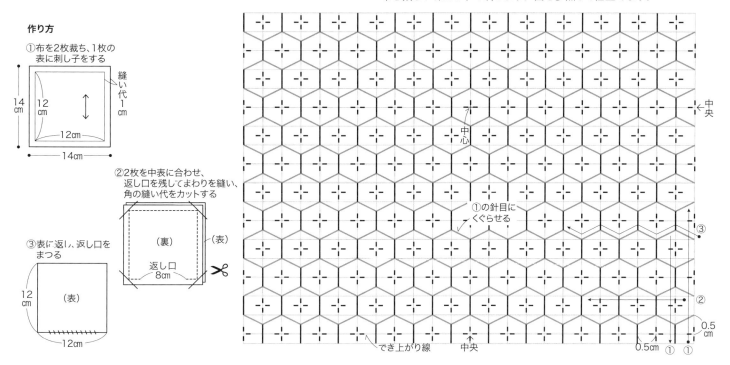

実物大図案／一目籠目　> p.35

+ 布…オリムパス刺し子もめん　からし（H-5000）1枚
+ 糸…オリムパス刺し子糸（袋入り）　茶色（3）3束
+ 刺し子面のサイズ…32cm×32cm
+ さらしは50ページを参照して仕立て、糸は1本で刺します。

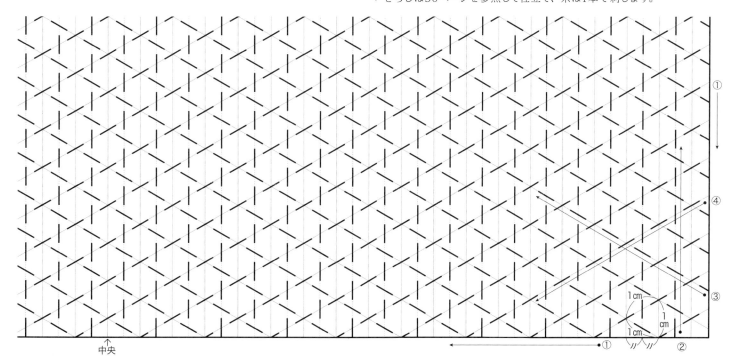

監修・プロセス指導：吉田久美子(Kumiko Yoshida)
秋田出身で刺し子の普及に努めた故・吉田英子の薫陶を受け、現在はカルチャースクール等で後進の指導にあたっている。「刺し子のかわいい花ふきん」(日本ヴォーグ社)、「刺し子のふきん」(主婦と生活社)ほか、書籍・雑誌へのデザイン提供多数。

Staff

ブックデザイン	天野美保子
撮影	白井由香里
スタイリング	西森 萌
トレース	沼本康代
編集協力	茂木三紀子
編集担当	谷山亜紀子

・素 材 提 供・
オリムパス製絲株式会社
名古屋市東区主税町 4-92　Tel.052-931-6679
http://www.olympus-thread.com

株式会社 ホビーラホビーレ
東京都品川区東大井 5-23-37　Tel.03-3472-1104 (代表)
http://www.hobbyra-hobbyre.com

・用 具 提 供・
クロバー株式会社
大阪市東成区中道 3-15-5　Tel.06-6978-2277 (お客様係)
http://www.clover.co.jp

・撮 影 協 力・
AWABEES
Tel.03-5786-1600

UTUWA
Tel.03-6447-0070

刺し子の花ふきんと小もの
ちくちく、かわいい

発行日／2015年 8 月18日　第1刷
　　　　2020年11月16日　第5刷
発行人／瀬戸信昭
編集人／森岡圭介
発行所／株式会社日本ヴォーグ社
〒164-8705　東京都中野区弥生町5-6-11
　TEL 03-3383-0628 (販売)　03-3383-0637 (編集)
　出版受注センター／TEL 03-3383-0650　FAX 03-3383-0680
振替／00170-4-9877
印刷所／凸版印刷株式会社
Printed in Japan　©N.Seto　2015
NV70307
ISBN978-4-529-05477-5　C5077

あなたに感謝しております　We are grateful.

手づくりの大好きなあなたが、
この本をお選びくださいましてありがとうございます。
内容の方はいかがでしたか？
本書が少しでもお役に立てば、こんなにうれしいことはありません。
日本ヴォーグ社では、手づくりを愛する方とのおつき合いを大切にし、
ご要望におこたえする商品、サービスの実現を常に目標としています。
小社及び出版物について、何かお気づきの点やご意見がございましたら、
何なりとお申し出ください。
そういうあなたに、私共は常に感謝しております。

株式会社日本ヴォーグ社　社長　瀬戸信昭
FAX 03-3383-0602

日本ヴォーグ社関連情報はこちら
(出版、通信販売、通信講座、スクール・レッスン)
https://www.tezukuritown.com/　[手づくりタウン] [検索]

＊印刷のため作品の色は実際と多少異なる場合があります。
＊万一、乱丁本、落丁本がありましたら、お取り替えいたします。
　小社販売部までご連絡ください。(電話 03-5261-5081)
・本誌に掲載された著作物の複写に関わる複製、上映、譲渡、公衆送信(送信可能化を含む)の
　各権利は株式会社 日本ヴォーグ社が管理の委託を受けています。
・JCOPY <(社)出版者著作権管理機構 委託出版物>
　本書の無断複写は著作権法上での例外を除き禁じられています。
　複写される場合は、そのつど事前に、(社)出版者著作権管理機構
　(電話 03-5244-5088、FAX 03-5244-5089、e-mail: info@jcopy.or.jp)の許諾を得てください。